Die Neurobiologie der Alzheimer-Demenz und die psychologischen Folgen der Erkrankten und Angehörigen

Nicolas Wendeln

Bibliografische Information der Deutschen Nationalbibliothek:

Die Deutsche Nationalbibliothek verzeichnet diese Publikation in der Deutschen Nationalbibliografie; detaillierte bibliografische Daten sind im Internet über http://dnb.d-nb.de abrufbar.

ISBN: 9783346570048
Dieses Buch ist auch als E-Book erhältlich.

Druck und Bindung: Books on Demand GmbH, Norderstedt Germany
Gedruckt auf säurefreiem Papier aus verantwortungsvollen Quellen

Das vorliegende Werk wurde sorgfältig erarbeitet. Dennoch übernehmen Autoren und Verlag für die Richtigkeit von Angaben, Hinweisen, Links und Ratschlägen sowie eventuelle Druckfehler keine Haftung.

Das Buch bei GRIN: https://www.grin.com/document/1164483

Die Neurobiologie der Alzheimer-Demenz und die psychologischen Folgen der Erkrankten und Angehörigen

Hausarbeit
für das Modul Biologische Psychologie 2
im Studiengang „Psychologie" (Bachelor)

Vorgelegt am: 08.06.2020

Inhaltsverzeichnis

Zusammenfassung

In dieser Arbeit werden die neurobiologischen Grundlagen der Alzheimer-Demenz erläutert und auf die Krankheitseinsicht sowie auf die psychologischen Folgen der Angehörigen eingegangen.

Die Alzheimer-Demenz ist eine irreversible Hirnerkrankung, bei der Nervenzellen rapide und in erheblich größeren Mengen absterben als bei gesunden Menschen. Dies hat zur Folge, dass sich ein Gedächtnisverlust, Persönlichkeits- und Verhaltensänderungen, Sprachschwächen und Orientierungsprobleme in der Symptomatik zeigen können. Auch kann sich im Verlauf einer Alzheimer-Demenz eine Depression entwickeln, die die Krankheitseinsicht und den emotionalen Umgang mit der Krankheit erschwert.

Die Diagnose, an Alzheimer zu erkranken, beeinflusst jedoch nicht nur die Patienten, sondern in den meisten Fällen auch die Familie und die Angehörigen. Viele Studien belegen, dass Angehörige während des Verlaufs der Pflege der Erkrankten, Depressionen, Angst- sowie Schlafstörungen und chronischen Stress entwickeln.

In dieser Arbeit soll auf die unterstützenden Möglichkeiten für die Pfleger und Patienten eingegangen und auf die Forschungslücken bei der medikamentösen Therapie bei einer Alzheimer-Demenz hingewiesen werden.

Auch wird gezeigt, dass alternative Pflegeoptionen und ein frühzeitiges Diagnostizieren der Krankheit zu besseren Ergebnissen bei Patienten und Pflegern, führen.

.

1   Einleitung

Folgenschwerer Verlust der Sprache, der Denkfähigkeit, der eigenen Körperfunktionen und letztlich auch der Gedächtnisverlust sind typische Leitsymptome für eine Alzheimer-Demenz (Weller & Budson, 2018).

An der Alzheimer-Demenz erkrankten im Jahr 2019 weltweit über 50 Millionen Menschen. Voraussichtlich wird sich die Zahl der Betroffenen bis zu dem Jahr 2050 auf eine verheerende Zahl von 150 Millionen Menschen verdreifachen. Die stetig steigende Lebenserwartung in den westlichen Ländern hat zur Folge, dass die Zahl der Patienten enorm ansteigen wird. Auch lassen die Zahlen und Fakten über den aktuellen Stand der Alzheimer-Demenz vermuten, dass das Gesundheitssystem in der Zukunft stark belastet wird (Drzezga et. al, 2014). Deshalb ist es wichtig, eine möglichst effiziente Versorgung der Erkrankten anzustreben, um dem einzelnen Patienten die bestmögliche medizinische und emotionale Betreuung zu garantieren (Grabher, 2018).

Von den 50 Millionen Menschen werden rund 60-80% der Alzheimer-Demenz zugeordnet, weshalb diese als die häufigste Demenzform gilt (Grabher, 2018).

Im Verlauf der Krankheit kommt es zu einem hohen Absterben der Nervenzellen und Synapsen im Hippocampus und in der Großhirnrinde (Wolf & Schulz, 2003).

Der massive Verlust der Neuronen wird laut Forschungen durch das Anlagern an den Nervenzellen von Plaques, welches ein Abbauprodukt eines Proteins ist, und intrazellulären Neurofibrillenbündeln, verursacht. Auf weitere Faktoren für die Entstehung wird im theoretischen Rahmen vertieft eingegangen.

Ziel dieser Arbeit ist es, einen Einblick in die aktuelle Forschung der Alzheimer-Demenz unter besonderer Berücksichtigung der psychologischen Symptome der Erkrankten und Angehörigen zu geben. Dabei wird im Theorieteil auf die neurobiologischen Grundlagen der Alzheimer-Demenz eingegangen. Der Theorieteil befasst sich mit der Entdeckung, der Entstehung und der Symptomatik der Alzheimer Krankheit. Im weiteren Verlauf des theoretischen Rahmens wird versucht, einen Überblick über die Krankheitseinsicht, den emotionalen Umgang mit der Krankheit und den psychologischen Folgen für die Familie und den Angehörigen zu geben. Dabei werden unterschiedliche Studien, die den Zusammenhang zwischen der psychischen Belastung auf die Pflege des Erkrankten gemessen haben, diese Arbeit unterstützen. Außerdem wird beschrieben, weshalb eine frühe Diagnose der Krankheit für die Familie sinnvoll sein kann und welche zukünftigen Maßnahmen eingeführt werden sollten.

Die in dieser Arbeit gewählte männliche Form bezieht sich immer zugleich auf weibliche, männliche und diverse Personen.

2 Theoretischer Rahmen

Neurobiologie der Alzheimer-Demenz

2.1 Die Entdeckung der Alzheimer-Demenz

Die Suche nach der neurobiologischen Grundlage der Alzheimer-Demenz liegt nun über 100 Jahre zurück (Leibinnes, 2018). Auguste Deter war die erste nachweisliche Patientin, die schon mit 50 Jahren unter dieser Krankheit litt. Der Psychiater Alois Alzheimer, welcher ebenfalls der Namensgeber der Demenzkrankheit ist, erkannte, dass es sich bei Auguste Deters Beschwerden nicht um eine Altersdemenz handelte. Ihr Zustand verschlechterte sich zunehmend und letztendlich verstarb sie völlig verwirrt 1906 in der Frankfurter Anstalt (Schuchart, Sabine, 2017). Nach ihrem Tod untersuchte Alois Alzheimer ihr Gehirn und machte eine bahnbrechende Entdeckung. Er konnte abgestorbene Nervenzellen und Plaques, welches sich außerhalb der Zellen angelagert hatten, nachweisen. Des Weiteren entdeckte er mit einer neuen Färbemethode eigenartige Auswucherungen und Zusammenballungen der Fibrillen. Diese Untersuchung gab hervor, dass die Alzheimer-Demenz keine psychischen, sondern organische Ursachen hat. Im Jahr 1910 wurde die neu entdeckte Hirnerkrankung als „Azheimerische Krankheit" bekannt gegeben (Deutsche Alzheimer Gesellschaft e.V., 2016).

Der folgende theoretische Rahmen beschäftigt sich mit der Entstehung und der Symptomatik einer Alzheimer-Demenz. Außerdem wird auf die Krankheitseinsicht, den emotionalen Umgang mit der Krankheit und die psychologischen Folgen für die Angehörigen eingegangen.

2.2 Die Entstehung der Alzheimer-Demenz

Alzheimer ist eine irreversible Hirnerkrankung, bei der Nervenzellen schneller und in erheblich größeren Mengen absterben als bei gesunden Menschen (Maier et al., 2019).

Wie schon zuvor angedeutet bildet sich im Gehirn der Patienten ein sogenanntes Amyloid-Plaques, welches ein Abbauprodukt von einem sehr viel größeren Protein ist. Ein weiteres neuropathologisches Merkmal der Alzheimer-Demenz stellen die Tau-Fibrillen dar.

Zunächst einmal werden durch die Alzheimer Krankheit Neuronen und deren Verbindungen zerstört, die am Gedächtnis beteiligt sind. Gehirnareale wie der entorhinale Kortex, der Hippocampus und im weiteren Verlauf auch die Großhirnrinde, die das Zentrum für Sprache, logisches Denken und zwischenmenschliche Beziehungen ist, sind am stärksten betroffen (Wolf & Schulz, 2003).

Der Grund, weshalb schädliche Eiweißablagerungen den Austausch zwischen den Nervenzellen beeinträchtigen, ist jedoch nicht vollständig geklärt. Es gibt aber verschiedene Theorien, die für die Entstehung einer Alzheimer-Demenz verantwortlich sind (Lang et al., 2020).

2.3 Amyloid-Plaques

Eines der hauptsächlichen Merkmale einer Alzheimer-Demenz ist die Ansammlung von Amyloid Plaques zwischen den Neuronen im Gehirn.

Amyloide sind Proteinfragmente, die der menschliche Körper selber herstellt. Das Beta-Amyloid ist ein Proteinfragment, welches aus einem größeren Protein namens APP (Amyloid-Vorläuferprotein) herausgeschnitten wird (Leibinnes, 2020).

Bei einem gesunden Gehirn werden diese abgebaut und zerstört, bei Menschen mit einer Alzheimer-Demenz reichern sie sich jedoch zu festen und unlöslichen Ablagerungen an. Die Beta-Amyloid-Plaques, die auch unter den Namen der Alzheimer-Plaque bekannt sind, können nicht vom Körper abgetragen werden. Dies hat zur Folge, dass sich das Plaque an die Nervenzellen heftet und somit keine Sauerstoff- und Energieversorgung im Gehirn gewährleistet werden kann (Murphy et al., 2010). Aufgrund der Eiweißablagerungen wird die Kommunikation zwischen den Synapsen der Nervenzellen behindert.

Auch konnte bei einer Studie mit nichtmenschlichen Primaten und Ratten eine Ansammlung von Beta-Amyloid Oligomere festgestellt werden.

Merkmale der Alzheimer-Pathologie, einschließlich des Synapsen Verlusts, wurden in Regionen des Gehirns von Makaken beobachtet, in denen Beta-Amyloide Oligomere reichlich nachgewiesen wurden. Mithilfe dieser Affenart, die eine ähnliche Gehirnstruktur des Menschen aufweist, lässt sich das Verständnis der Mechanismen, die an der Entwicklung der Alzheimer-Demenz beteiligt sind, erheblich verbessern (Forny-Germano et al., 2014).

2.4 Tau- Fibrillen

Das Tau-Protein ist ebenfalls für das Absterben der Nervenzellenverbindungen verantwortlich. Tau ist ein Protein, welches für die innere Stabilität der Nervenzellen im Gehirn sorgt.

Außerdem regelt das intrazellulär gelegene Tau Protein die Nährstoffversorgung und bildet Elemente einer Struktur, die Mikrotubuli (Röhrchen) bezeichnet werden (Leibinnes, 2018). Das innere Skelett einer Nervenzelle ist wie eine Röhre geformt, durch die Nährstoffe und andere wichtige Substanzen die Nervenzellen erreichen.

Bei der Alzheimer Krankheit verändert sich jedoch das Tau Protein in seiner chemischen Substanz, nimmt eine abnormale Form an, und führt zum Bruch des inneren Gerüsts (Alzheimer Association, 2019). Durch eine übermäßige Beladung mit Phosphatgruppen, in der die Wasserlöslichkeit des Tau Proteins verloren geht, führt es zu einer Anhäufung von helikalen (spiralförmigen) Fasern.

Die Stoffwechselvorgänge innerhalb der Zelle werden somit beeinträchtigt und führen letztlich zu einem Zelltod (Hampel et al. 2003).

2.5 Acetylcholinmangel

Besonders sind jene Nervenzellen vom Aussterben betroffen, die den Neurotransmitter Acetylcholn produzieren. Acetylcholin ist ein Botenstoff, der essentiell für das Arbeitsgedächtnis, die Aufmerksamkeit und für den Abruf von gelerntem Wissen ist (Schweiger, 2008).

Wenn jedoch ein Mangel an Acetylcholin im Cortex festgestellt wird, kommt es zu einem Absterben der Nervenzelle. In dem Fall werden oft Medikamente wie „Acetylcholinesterasehemmer" verschrieben, um das Ungleichgewicht der Neurotransmitter auszugleichen (Stangl, 2020). Acetylcholinesterasehemmer blockieren das Enzym Acetylcholinerase (AChE) und sorgen für eine bessere Neurotransmission der Neurotransmitter und erhöhen die Verfügbarkeit in der Synapse (Gründer, 2020; Stangl, 2020).

2.6 Symptome der Alzheimer-Demenz

Eine Alzheimer-Demenz beginnt oft nach dem 65. Lebensjahr und wird vor allem dadurch deutlich, dass der Betroffene in seinem Alltagsleben beeinträchtigt ist und kleinste Aufgaben zu Hindernissen werden (Koch, 2016; Grabher, 2018). Frauen sind insgesamt doppelt so oft von der Krankheit betroffen als Männer, wofür es mehrere Gründe gibt. Der ausschlaggebendste Grund ist allerdings, dass Frauen eine höhere Lebenserwartung haben, die den größten Risikofaktor darstellt (Grabher, 2018).

Das Leitsymptom der Alzheimer Erkrankung ist die Beeinträchtigung des Kurzzeitgedächtnisses und des Erinnerungsvermögens. Daraus resultiert, dass Betroffene bereits Erzähltes wiederholen oder Gegenstände verlieren und nicht mehr auffinden können. Auch ist das räumliche und zeitliche Orientierungsvermögen betroffen, weshalb es Alzheimererkrankten schwerfällt, sich in vertrauter Umgebung zurechtzufinden.

Ein weiteres Symptom sind Sprachstörungen und Konzentrationsschwierigkeiten. Durch den Rückgang des Wortschatzes benutzen Patientinnen und Patienten einfache Umschreibungen für Wörter und kürzen ihre Sätze erheblich. Die verminderte Konzentration sorgt für eine schnelle Ablenkung bei geringen Störfaktoren (Maier et al, 2019). Im weiteren Verlauf der Krankheit treten auch Lese-, Schreib-, Rechenstörungen und Schwierigkeiten bei der Entscheidungswahl auf.

In der finalen Phase der Alzheimer-Demenz verlieren die Betroffenen die Kommunikationsfähigkeit und Kennen im schlimmsten Fall ihre engsten Vertrauten nicht wieder. Des Weiteren sind sie an ihr Bett gebunden und müssen rund um die Uhr überwacht werden. Ein geschwächtes Immunsystem der Patienten führt in vielen Fällen zu einer Alzheimer-bedingten Lungenentzündung, welche letztendlich zum Tod führen kann (Alzheimers Assoziation, 2013).

Die psychologischen Folgen der Alzheimer-Demenz

2.7 Die Krankheitseinsicht und der emotionale Umgang mit der Krankheit

Häufig wird bei vielen Betroffenen die Alzheimer-Demenz erst im späten Verlauf der Krankheit erkannt. Der Gedächtnisverlust wird auf das fortgeschrittene Alter bezogen und als nicht bedrohlich eingestuft. Zudem ist die fehlende Einsicht des Patienten ein Anzeichen der Krankheit, wodurch häufig aufgrund des Schamgefühls ein Besuch bei einem Arzt vermieden wird (Maier et al., 2019).

Die Anfangsphase der Krankheit ist vor allem für die Erkrankten eine schwierige Zeit, da die Wahrnehmung der Defizite noch sehr ausgeprägt ist und es häufig zu einem depressiven Verhalten kommt. Die depressiven und lustlosen Verstimmungen resultieren meistens aus nicht erwartungsgemäß erfüllten Aufgaben und Misserfolgen, die ihr Schamgefühl steigern und dazu führen, dass die Krankheit verstärkt verleugnet wird (Maier et al., 2019).

Bis zu 50 Prozent der Patienten leiden unter Depressionen während des Verlaufs einer Alzheimer-Demenz (Ownby et al., 2012). Eine norwegische Studie zeigte, dass von 131 Patienten im Alter von 60 Jahren, die über 3 Jahre beobachtet wurden, 55 (42,0 %) Probanden depressive Symptome aufwiesen. 51 (38,9%) Personen hatten mindestens einen schweren Rückfall oder litten kontinuierlich an einer Depression. Von den 131 Probanden, die nach den 3 Jahren weiter getestet wurden, stellte sich heraus, dass nur 24 (18,3 %) Personen frei von depressiver Symptomatik waren. Außerdem resultierte aus der Studie, dass der größte Anteil der Probanden, verglichen zum Anfang der Studie, an Demenz litt (Orgeta et al., 2017).

Um sich der Krankheit anzunähern, wird häufig die Hilfe im Gespräch mit der Familie oder professionellen Vertrauenspersonen gesucht. Es gibt aber auch Betroffene, die jegliche Art von Hilfe ablehnen, um sich nicht mit der Krankheit auseinander setzen zu müssen. Damit ein guter emotionaler Umgang mit den Defiziten gewährleistet werden kann, sollten die

Angehörigen den Betroffenen stärken und Entscheidungen mit Akzeptanz begegnen (Maier et al, 2019).

2.8 Die psychologischen und emotionalen Folgen der Angehörigen

Die Diagnose an einer Alzheimer-Demenz zu erkranken beeinflusst nicht nur die Betroffenen, sondern auch häufig die Familie und Freunde. Oft wirkt sich die Pflege der Alzheimererkrankten negativ auf die psychische Gesundheit der pflegenden Angehörigen aus (Grabher, 2018).

Eine spanische Studie, die im Gesundheitsbezirk von Almeria durchgeführt wurde, untersuchte die Variablen im Zusammenhang mit der „perzipierten psychischen Gesundheit" und dem „Auftreten von neuen psychischen Folgen" bei pflegenden Angehörigen. Bei der Studie, die in dem Jahr 2015 von Januar bis Dezember stattgefunden hat, nahmen insgesamt 255 Familienangehörige teil. Von den 255 Probanden betreuten 42,2 % Menschen mit einer leichten Alzheimer-Demenz und 57,6% mit einer schwer ausgeprägten Alzheimer-Demenz. Bei der Untersuchung wurde der allgemeine Fragebogen von Goldberg genommen, um den signifikanten Unterschied zwischen den beiden Variablen zu messen.

Neu auftretende psychologische Symptome wurden bei 46,3% (n = 50) Betreuern von Patienten mit leichter Alzheimer-Krankheit und bei 61,9% (n = 91) Betreuern von Patienten mit mittelschwerer Alzheimer-Krankheit festgestellt (Ruiz-Fernández et al., 2019).

Depressionen, Stress und ein niedriges subjektives Wohlbefinden hängen mit Faktoren wie der kognitiven Beeinträchtigung, der funktionellen Behinderung des Erkrankten und den Verhaltensauffälligkeiten zusammen. Auch spielen die Dauer und der Umfang der Pflege eine Rolle, sowie das Alter des Pflegenden und ob der Pfleger und der Erkrankte im engen Kontakt zueinanderstehen. All diese Faktoren haben eine erhebliche Wirkung auf die psychische Gesundheit des pflegenden Angehörigen. Das Leiden der Pflegenden zeichnet sich in drei, in Zusammenhang stehenden Symptomen aus: Verbale und nonverbale Äußerungen von Schmerz und körperlichen Beschwerden; psychologische Symptome des Leidens wie Depressionen und Apathie und ein Gefühl von Verzweiflung. Auch können Betreuer Angststörungen und Schlafstörungen entwickeln (Schulz & Sherwood, 2008).

Das psychologische Empfinden von Stress ist allerdings eines der Leitsymptome bei den Angehörigen (Grabher, 2018).

Um die Stressursachen der pflegenden Angehörigen besser nachvollziehen zu können, werden diese in arbeitsbedingten, zeitbedingten, physischen und emotionalen Stress aufgeteilt. Bei dem arbeitsbedingten Stress leiden die Angehörigen unter der Herausforderung, ihren Arbeitsplan anzupassen, um die Pflege der Erkrankten zu ermöglichen. Amerikanischen Studien zufolge, mussten 57 % der Pflegenden die Arbeitszeiten verlegen, sich freistellen lassen oder frühzeitig gehen. 16 % der Angehörigen wurden beurlaubt und 9 % wurden entlassen oder mussten ihren Beruf komplett aufgeben.

Der zeitbedingte Stress äußerte sich mit der belastenden Frage, ob die Angehörigen genügend Zeit für den zu Pflegenden finden würden, welcher sich in einer Pflegeeinrichtung befindet. Die Intervention der pflegenden Angehörigen ist ein wichtiger Bereich, der mehr Aufmerksamkeit verdient. Durch die Vernachlässigung der Erkrankten, leiden auch diejenigen, die sie pflegen müssen. Dieser verheerende Kreislauf hat vor allem emotionale, aber auch physische Symptome zur Folge (Grabher, 2018).

Die größten Beeinträchtigungen der Angehörigen sind der Mangel an Schlaf, Privatsphäre und das Gefühl, die komplette Verantwortung für den Erkrankten tragen zu müssen. Eine weitere psychische Belastung ist es, nicht zu wissen, was als nächstes mit dem geliebten Menschen passiert. Symptome wie Inkontinenz oder Umherirren des Demenzerkrankten können die Angehörige sehr belasten, vor allem wenn dadurch körperliche Belastungen wie das Heben des Kranken, hinzukommen. Dadurch erhöht sich der physische und psychische Stress bei Angehörigen, was die Entstehung des Burn-Out-Syndroms hervorrufen kann (Grabher, 2018; Truzzi et al., 2012).

Angehörige von Demenzerkrankten können viele emotionale Phasen wie Einsamkeit, Traurigkeit, Entmutigung, Wut, Müdigkeit oder wie bereits erwähnt depressive Phasen durchleben. Jeder der Angehörigen verarbeitet Stress und Emotionen unterschiedlich, wobei einige Menschen ihre Gefühle offen ausdrücken und es anderen eher schwerfällt, sich mitzuteilen. Die emotionale Einstellung zu den Erkrankten kann gemischt sein. Familienmitglieder können möglicherweise gleichzeitig Liebe als auch Abneigung für die erkrankte Person, um die sie sich kümmern, empfinden. Weitere emotionale Belastungen der Angehörigen stellen die Gefühle der Hilflosigkeit und des Schuldgefühls dar. Mehrere Arztaufenthalte, bevor eine Diagnose gestellt werden kann, lassen die Angehörigen verzweifelt und hilflos reagieren. Ein ungeduldiger Umgang mit dem Erkrankten führt zu einem höheren Schuldbewusstsein (Grabher, 2018).

Zusammenfassend ist Alzheimer eine sich immer weiter ausbreitende, verheerende Krankheit, die nicht nur den Erkrankten, sondern auch die ganze Familie betrifft. Die Pflege der Patienten führt bei den Angehörigen häufig zu einem chronischen Stress, aus dem psychische sowie physische Symptome resultieren. Auf eine mögliche Reduktion der Stressquellen von Pflegenden und neuen Therapieformen der Patienten wird im Folgenden eingegangen.

3 Diskussion

Diese Arbeit soll einen Überblick zu den neurobiologischen Grundlagen der Alzheimer-Demenz, der Krankheitseinsicht und den psychologischen und emotionalen Folgen der Angehörigen geben.

Trotz der vielen Forschungen ist bislang noch nicht geklärt, ob nun die Ablagerungen von Amyloid-Plaque, ein Acetylcholinmangel oder andere Faktoren für die Entstehung der Alzheimer Krankheit verantwortlich sind.

Um den Forschungsstand der biologischen Vorgänge der Alzheimer-Demenz noch einmal zusammenzufassen, kommt es bei einer Alzheimer-Demenz zu einem hohen Verlust von Nervenzellen in der Hirnrinde und auch in tieferen Hirnstrukturen (Deutsche Alzheimer Gesellschaft, 2016).

Die Fehlfunktion und das daraus resultierende Absterben der Neuronen verursachen Veränderungen im Gehirn, im Verhalten und in der Fähigkeit, klare Gedanken fassen zu können (Alzheimer's Association, 2013).

Die in dieser Arbeit aufgeführten Acetylcholinesterasehemmer können zwar den Verlauf der Alzheimer-Demenz verlangsamen, führen aber nur zu einer geringen Abschwächung der Symptomatik. Zurzeit gibt es noch keine Medikamente, die eine komplette Eindämmung der Krankheit bewirken. Sie lindern ausschließlich Symptome, Begleiterscheinungen und halten die Gedächtnisleistung länger aufrecht. Bei psychologischen Symptomen wie Depressionen oder Wutanfällen werden Arzneimittel wie Antidepressiva verschrieben (Leibinnes, 2018).

Neueste klinische Studien haben das Ziel, asymptomatische Patienten mit einer genetischen Prädisposition auf sogenannte Biomarker zu untersuchen. Patienten, die ein höheres Risiko für die Entwicklung einer Alzheimer-Demenz aufwiesen, werden zu Beginn des nächsten Jahrzehntes Ergebnisse erhalten (Weller & Budson, 2018).

Unter Biomarkern versteht man messbare biologische Merkmale, die einen hohen Informationsgehalt über die Krankheitsdiagnose und Krankheitsentwicklung geben. Durch die vorhandenen Biomarkern in der Rückenmarksflüssigkeit kann eine Abnahme des Amyloid-Plaques und eine Zunahme an Tau-Proteinen festgestellt werden. Diese Biomarker sind zuverlässige Hinweise für eine Entwicklung der Alzheimer-Demenz (Suárez-Calvet, 2020).

Die Entdeckung eines wirksamen Medikaments gegen die Alzheimer-Demenz würde nicht nur den Erkrankten helfen, sondern auch den Angehörigen.

Die Pflege eines Demenzerkrankten fordert eine starke Resistenz gegenüber psychischer, emotionaler und körperlicher Belastung.

Zusätzlich erschweren zeitliche, arbeitsbedingte und vor allem finanzielle Stressquellen die aktuelle Situation der Betreuer. Besonders in den USA, wo die

Krankenkassen nicht alle Kosten decken, wurden 2017 durchschnittlich 10.589 Dollar selbstständig von den Pflegenden übernommen. Auch entstehen bei den Angehörigen durch die Unterbringung des Erkrankten in einer Einrichtung Schuldgefühle, da die Pflegeleistung nicht immer den Bedürfnissen des Patienten entsprechen kann (Grabher, 2018). Durch den akuten Pflegemangel ist es in vielen Einrichtungen unmöglich, sich für alle Patienten Zeit zu nehmen (Martin, 2018). Ein Beispiel für eine alternative Pflege bietet das kleine Dorf Hogewey in den Niederlanden, welches zu einem versteckten Pflegeheim umfunktioniert wurde. Mitarbeiter der Restaurants, sowie die Kassierer im Supermarkt sind alle geschulte Pflegekräfte, die den Patienten das Gefühl geben, dass sie ein normales und sicheres Leben führen. Einrichtungen wie Hogewey haben gezeigt, dass diese Art der Pflege zur Entlastung der Angehörigen führte und die Einnahme der Medikamente deutlich reduziert werden konnte (Grabher, 2018).

Auch ist eine Verringerung der sekundären Stressoren, wie z.B. die soziale Isolation, eine wirksame Methode zur Unterstützung der pflegenden Angehörigen. Aktive Maßnahmen wie das Besuchen einer Selbsthilfegruppe oder das Gespräch mit einem Psychotherapeuten können die Symptome der Angehörigen immens lindern. Des Weiteren haben Schulungen, die den richtigen Umgang mit Demenzerkranken vermitteln, gezeigt, dass es zu niedrigen aggressiven Reaktionen im Problemverhalten der Patienten kam. Daraus würde ein höheres psychisches Wohlbefinden bei den Angehörigen resultieren (Sörensen & Conwell, 2011).

Eine frühzeitige Diagnose von Alzheimer bringt sowohl für den Patienten als auch für die Familie einige Vorteile. Die Gewissheit einer bestehenden Diagnose führt dazu, dass die Familie und der Patient zukunftsorientierter planen können. Entscheidungen über künftige Lebensumstände, persönliche Betreuung, finanzielle und rechtliche Angelegenheiten können dementsprechend besprochen werden, wodurch ein größtmöglicher Nutzen aus der Therapie erzielt werden kann. Darüber hinaus wäre es förderlich, wenn sich möglichst viele Erkrankte nach einer Diagnose dazu entscheiden, an klinischen Studien teilzunehmen, um intensivere Forschung in diesem Feld zu ermöglichen.

Zusammenfassend kann eine rechtzeitig dokumentierte Diagnose zu besseren Ergebnissen für die Patienten und ihre Angehörigen führen (Grabher, 2018).

Abschließend kann zusammengefasst werden, dass Entwicklungen neuer Therapiemethoden und eine effektive Unterstützung bei der Pflege eines Erkrankten erheblich zu einer Verbesserung der aktuellen Situation beitragen würden.

Medizinische und therapeutische Interventionen sollten deshalb das Ziel haben, Bewältigungsmechanismen und Hilfestellungen bei der emotionalen Regulation der Angehörigen von Demenzerkrankten auszubauen.

Es bleibt allerdings eine Frage der Zeit, wann mit diesen Fortschritten zu rechnen ist.

4 Fazit

Die Alzheimer-Demenz ist eine verheerende Krankheit, bei der die Entstehung trotz intensiver Forschungsarbeit noch nicht genau geklärt werden konnte. Hinzu kommt die stetig steigende Anzahl an Erkrankten. Außerdem wurden noch keine medikamentösen Therapien entwickelt, die für eine Heilung eingesetzt werden können. Vermutlich sind die hier aufgeführten Ursachen, wie beispielsweise die Ablagerung von Amyloid-Plaques, im Zusammenspiel mit derzeit noch unbekannten Ursachen verantwortlich.

Es bleibt deshalb zu hoffen, dass in den nächsten Jahren ein Heilmittel für die Alzheimer-Krankheit gefunden wird, um die Krankheit effektiver zu behandeln und die aus der Pflege resultierenden psychologischen Folgen für die Angehörigen zu verringern.

Die Intervention der Angehörigen ist ein wichtiger Bereich, der definitiv mehr Aufmerksamkeit verdient hat. In der Pflege entwickeln die Angehörigen mit hoher Wahrscheinlichkeit Depressionen, Angststörungen oder leiden an chronischem Stress. Es ist deshalb von hoher Bedeutung, die psychische und körperliche Belastung der Angehörigen ernst zu nehmen und diese emotional, therapeutisch und finanziell zu unterstützen. Alternative Pflegeeinrichtungen und das frühzeitige Erkennen der Krankheit können erheblich für eine Entlastung der Patienten und Angehörigen sorgen.

Literaturverzeichnis

Alzheimer's Association, (2019) *Tau*. Verfügbar unter:
https://www.alz.org/media/Documents/alzheimers-dementia-tau-ts.pdf
[abgerufen am 28.6.2020]

Alzheimer's Association; Thies, William; Bleiler, Laura (2013) 2013 *Alzheimer's disease facts and figures*. doi: https://doi.org/10.1016/j.jalz.2013.02.003

Deutsche Alzheimer Gesellschaft e.V. (2016). Alois Alzheimer. Verfügbar unter
https://www.deutsche-alzheimer.de [abgerufen am: 03.07.2020]

Drzezga, Alexander; Fellgiebel, Andreas; Sabri, Osama (2014): Frühdiagnose des Morbus
Alzheimer: Amyloid-Bildgebung – Reif für die Routine? *Deutsches Ärzteblatt*, Juni 2014:
Vol 111, 6: A 1206-1210 Verfügbar unter: Dtsch Arztebl 2014; 111(26): A-1206 / B-1042 /
C-984 [abgerufen am 25.6.2020]

Forny-Germano, Leticia; Lyra e Silva, Natalia M.; Batista, André F. ; Jordano Brito-Moreira;
Gralle; Matthias; Boehnke, Susan E.; Coe, Brian C; Lablans Ann; Marques, Suelen A;
Martinez, Ana Maria B.; Klein, William L.; Houzel, Jean-Christophe; Ferreira, Sergio T;
Munoz, Douglas P. & De Felice, Fernanda G. (2014) Alzheimer's Disease-Like Pathology
Induced by Amyloid- β Oligomers in Nonhuman Primates. *The Journal of Neuroscience*
doi: https://doi.org/10.1523/JNEUROSCI.1353-14.2014

Grabher, Barbara J. (2018). Effects of Alzheimer Disease on Patients and Their Family. *J Nucl Med Technology*. doi: 10.2967/jnmt.118.218057

Gründer, Prof. Dr. Gerhard (2020) Dorsch Online Lexikon. *Acetylcholinesterasehemmer*.
Verfügbar unter: https://dorsch.hogrefe.com/stichwort/acetylcholinesterasehemmer
[abgerufen am: 01.07.2020]

Hampel, Harald; Padberg, Frank; Möller, Hans-Jürgen (2003): *Alzheimer-Demenz. Klinische Verläufe, diagnostische Möglichkeiten, moderne Therapiestrategien*. (S.60 63)
Wissenschaftliche Verlagsgesellschaft mbH, Stuttgart.

Lang, Thomas; Glück, Tobias; Moisa, Heinrich; Wittlin, Petra: Novartis, mögliche Ursachen für
eine Alzheimer-Erkrankung (2020). Verfügbar unter:
https://www.alzheimer.de/alzheimer/alzheimer/Ursachen.html [abgerufen am:
01.07.2020]

Leibinnes, Christian (Hrsg.)(2018) Eiweißablagerungen: Plaques und Fibrillen. Alzheimer
Forschung Initiative e.V. Verfügbar unter: https://www.alzheimer-forschung.de/alzheimer-
krankheit/symptome.htm [abgerufen am: 01.07.2020]

Leibinnes, Christian (2018). Alzheimer Forschung Initiative e.V. *Die Geschichte der Alzheimer-Krankheit*. Verfügbar unter: https://www.alzheimer-forschung.de/alzheimer/wasistalzheimer/geschichte-alzheimer-krankheit/ [abgerufen am: 01.07.2020]

Koch, Annika (2016). Deutsche Alzheimer Gesellschaft. *Die Häufigkeit von Demenzerkrankungen.* Verfügbar unter: https://www.deutsche-alzheimer.de/fileadmin/alz/pdf/factsheets/infoblatt1_haeufigkeit_demenzerkrankungen_dal zg.pdf [abgerufen am: 03.07.2020]

Maier, Wolfgang; Schulz, Jörg B; Weggen, Sascha; Wolf, Stefanie. (2019) *Alzheimer & Demenzen verstehen.* (3. Aufl.) Bonn, Aachen, Düsseldorf, Köln: TRIAS (SEITENZAHL)

Martin, Wolfgang (2019). Ärztemangel: Einzelne Fachgebiete stark unter Druck. *Deutsches Ärzteblatt,* 116 (7), 2. Verfügbar unter: https://www.aerzteblatt.de/archiv/206923/Aerztemangel-Einzelne-Fachgebiete-stark-unter-Druck

Murphy, M. Paul und LeVine Harry (2010): Alzheimer's Disease and the β-Amyloid Peptide. *National Institutes Of Health*, doi: 10.3233/JAD-2010-1221

Orgeta, Vasiliki; Tabet, Naji; Nilforooshan, Ramin; Howard, Robert. (2017) Efficacy of Antidepressants for Depression in Alzheimer's Disease: Systematic Review and Meta-Analysis. *Journal of Alzheimer's Disease.* (58) 725–733. doi: 10.3233/JAD-161247

Ownby, L. Raymond; Crocco, Elizabeth; Acevedo, Amarilis; Vineeth, John; Loewenstein, David. (2012). Depression and Risk for Alzheimer Disease. *Arch Gen Psychiatry*, 63 (5), 530-538. doi: 10.1001/archpsyc.63.5.530.

Ruiz-Fernández, Maria Dolores; Hernández-Padilla, José Manuel; Ortiz-Amo, Rocio; Fernández-Sola, Cayetano; Fernández-Medina, Isabel María; Granero-Molina; Granero-Molina, José. (2019). Predictor Factors of Perceived Health in Family Caregivers of People Diagnosed with Mild or Moderate Alzheimer's Disease. *International Journal of Enviromental Research and Public Health.* doi: 10.3390/ijerph16193762

Schuchart, Sabine, (2017). Berühmte Entdecker von Krankheit: Alois Alzheimer hat nicht geirrt. *Deutsches Ärzteblatt* Verfügbar unter: Dtsch Arztebl 2017; 114(29-30): [120]

Schulz, Richard & Sherwood, Paula R. (2008) Physical and Mental Health Effects of Family Caregiving. *Am J Nurs.* 108 (9), 23-27. doi: 1097/01.NAJ.0000336406.45248.4c

Schweiger, Hans-Dieter (2008): Alzheimer: Antidementiva gegen den schleichenden Abbau. Hg. v. *Pharmazeutische Zeitung online.* Avoxa – Mediengruppe Deutscher Apotheker GmbH, Ausgabe 34/2008. Verfügbar unter: https://www.pharmazeutische-zeitung.de/ausgabe-342008/antidementiva-gegen-den-schleichenden-abbau/

Sörensen, Silvia & Conwell, Yeates (2011) Issues in Dementia Caregiving: Effects on Mental and Physical Health, Intervention Strategies, and Research Needs. *Am. Geriatr Psychiatry.* 19 (6), 491–496. doi: 10.1097/JGP.0b013e31821c0e6e

Stangl, W. (2020). Online Lexikon für Psychologie und Pädagogik. Stichwort: '*Acetylcholin'.* Verfügbar unter: https://lexikon.stangl.eu/3001/acetylcholin/ [abgerufen am: 03.07.2020]

Suárez-Calvet, Marc (2020). Alzheimer Gesellschaft München. „Was sind Biomarker?".
Verfügbar unter: https://www.agm-online.de/demenz-und-alzheimer/einblickdemenz-
wissensportal/einblickdemenz-2016/03-2016.html [abgerufen am: 03.07.2020]

Truzzi, A., Souza, W., Bucasio, E., Berger, W., Figueira, I., Engelhardt, E., & Laks, J. (2008).
Burnout in a sample of Alzheimer's disease caregivers in Brazil. The European Journal of
Psychiatry, 22(3), 151–160. doi: https://doi.org/10.4321/S0213-61632008000300004

Weller, Jason & Budson, Andrew (2018). Current understanding of Alzheimer's disease
diagnosis and treatment. F1000 Research. doi: 10.12688/f1000research.14506.1

Wolf, Stefanie & Schulz, Jörg B. (2012) Demenzen (S.790-792). In Hans-Otto Karnath, P. Thier
(Hrsg.), Kognitive Neurowissenschaften, © Springer-Verlag Berlin Heidelberg, doi:
10.1007/978-3-642-25527-4